COMMENT PRIER QUAND ON EST ENTOURE PAR LES ENNEMIS

PAR DR. D. K. OLUKOYA

COMMENT PRIER QUAND ON EST ENTOURE PAR LES ENNEMIS

©2013 Dr. D. K. OLUKOYA

ISBN-**978-0615989624**

Première impression Avril 2013

Publié par:
MFM French Publications 13, Olasimbo Street, Onike, Yaba, Lagos.
E-mail: mfmfrenchbooks@yahoo.com
Phone: +234 8023436873,8167635335. CLC: Cotonou +22995562333.

TABLES DES MATIERES

CHAPTER   **PAGE**

CHAPITRE UN
L'INVASION ATROCE

Les attaques Sataniques viennent sous différentes formes et ampleurs. Le plus grand problème dans le monde aujourd'hui émane de ce que l'on peut décrire comme une invasion satanique. Le diable est en mission de revenge. Il a encerclé le monde avec ses agents dans le but de déclencher la terreur et la méchanceté contre les hommes, les femmes et les enfants. Ce n'est plus le temps de repos. Nous vivons dans une ère de combats. Dorénavant, la plupart des habitants de la terre sont entourés de méchants ennemis.

Le problème d'une invasion satanique est tellement aigu que le monde est témoin de beaucoup de tragédies qui n'ont jamais eu lieu à aucun autre moment de l'histoire de l'humanité. Pour rendre les choses explicites, les croyants ont leur part de responsabilité dans l'invasion démoniaque globale. Le seul group de personnes qui survivra à l'assaut satanique est celui des guerriers. Vous devez faire du combat spirituel, votre préoccupation quotidienne si vous voulez demeurer victorieux.

J'aimerais que vous commenciez à lire ce livre en priant agressivement : *Toute conspiration contre moi dans les lieux célestes, disperse-toi, au nom de Jésus.*

La Bible présente une image effrayante d'une invasion maléfique éminente en Apocalypse 12 : 7-12

Apocalypse 12 : 7-12 : « Et il y eut guerre dans le ciel. Michel et ses anges combattirent contre le dragon. Et le dragon et ses anges combattirent, mais ils ne furent pas les plus forts, et leur place ne fut plus trouvée dans le ciel. Et il fut précipité, le grand dragon, le serpent ancien, appelé le diable et Satan, celui qui séduit toute la terre, il fut précipité sur la terre et ses anges furent précipités avec lui. Et j'entendis dans le ciel une voix forte qui disait : Maintenant le salut est arrivé et la puissance, et le règne de notre Dieu, et l'autorité de son Christ ; car il a été précipité, l'accusateur de nos frères, celui qui les accusait devant notre Dieu jour et nuit. Ils l'ont vaincu à cause du sang de l'agneau et à cause de la parole de leur témoignage et, ils n'ont point aime leur vie jusqu'à craindre la mort. C'est pourquoi réjouissez-vous, cieux, et vous qui habitez dans les cieux. Malheur à la terre et à la mer! Car le diable est descendu vers vous, animé d'une grande colère, sachant qu'il a peu de temps.

Que nous le voulions ou pas, les Chrétiens sont en proie à des attaques des pouvoirs maléfiques qui se font passer pour des êtres humains. Beaucoup de choses étranges se déroulent autour de nous. Ces évènements étranges défient toute explication normale. Beaucoup de gens sont détruits et beaucoup de destinées ont fait des tonneaux terribles. Beaucoup ont été piégés dans des relations destructives.

UN EPOUX ETRANGE

En 1995, une dame avait assisté à l'une de nos réunions. Il lui avait fallu beaucoup de temps avant qu'elle ne comprenne qu'elle avait épousé un mari étrange. Ils avaient eu quatre enfants. Toutefois, quand la femme revenait des réunions de prière, son mari disait : « Tu es allé à cette réunion de prière étrange. N'y vas plus ! Ne prie pas ces prières là. » Mais la dame allait toujours à ces réunions.

Un jour, en rentrant d'une réunion de prière, la femme n'avait pas trouvé l'homme ni les quatre enfants. Elle n'a même pas pu retrouver la famille du monsieur. Elle a tenté désespérément de les retrouver mais elle n'a retrouvé aucune trace de lui. C'était à ce moment qu'il lui est venu à l'esprit qu'elle avait épousé un esprit.

Personne ne doit être ignorant de certaines informations vitales dans le domaine du combat spirituel.

UNE FEMME ETRANGE

Il y avait un homme qui allait à Bénin une ville situé à l'Ouest du Nigeria ; dans le car, il a fait la rencontre d'une belle dame. On ne savait pas ce qui a pris le monsieur de demander en mariage quelqu'un qu'il rencontrait pour la première fois dans sa vie.

La dame, d'autre part, à accepté de l'épouser, juste comme-ça. Alors, ils sont rentrés à Lagos et la dame a emmené l'homme chez des gens qu'elle appelait sa famille. Quand ils sont arrivés à la maison il y avait qu'une vielle femme qui y vivait. Quand la dame a amené l'homme dans cette maison, la vielle femme disait : Qui est-il ? La dame à répondu. C'est mon fiancé.

La vieille femme a demandé a l'homme, « Voulez-vous l'épouser ? » L'homme a répondu « oui ». La vieille femme fit une déclaration brusque « La dote ne nous intéresse pas et les fiançailles ne sont pas nécessaires. La femme est libre, mais, vous devez aller rencontrer son papa demain. »

L'homme a répondu : « très bien, cela me va bien ». Ils sont arrivés dans un lieu étrange à 8heures de la nuit, espérant que son soi-disant papa vienne.

Quand il était 9heures de la nuit, l'homme a demandé encore, « où est ton papa ? » La dame a simplement dit : « patience » Quand il était minuit, la dame dit : « allons-y maintenant. » Des hommes sont venus pour leur montrer le chemin. Ils les ont conduits par des chemins dans la brousse. Ils ont commencé à s'enfoncer dans la forêt. A ce moment-là le jeune homme aurait dû se poser des questions « il est minuit, où allons nous et pourquoi le père de cette belle dame vit dans un lieu si étrange ? » Mais il a continué à s'avancer.

Il pensait que la dame était trop belle pour la laisser partir. Ils ont avancé plus loin dans la jungle jusqu'à arriver à un carrefour. Et là, des oiseaux maléfiques ont commencé à voler au-dessus de sa tête. Après quelque temps, les oiseaux ont donné des coups de bec sur sa tête et les hommes qui les conduisaient ont dit à l'homme « Félicitations ! Vous êtes maintenant marié. Il est alors retourné à la maison avec sa femme.

L'homme s'était marié à une femme étrange. Toutes les nuits, l'homme était constamment en proie à des sérieux tourments et à une terrible oppression. Quand l'homme est venu me voir à l'Eglise, je pensais qu'il était un Sidéen. Il a répondu qu'il n'était pas un Sidéen. C'est alors qu'il à raconté ses déboires. Je lui ai donné des points de prière à prier. Il est encore venu après pour me narrer son expérience. Il m'a dit qu'avant son arrivée à la maison, la femme l'attendait déjà à la porte. La femme a dit : « Je sais d'où tu viens ». Tu viens des Ministères de la Montagne de Feu et des Miracles. Tu es allé voir cet homme puissant. N'y va plus jamais. Si tu y va encore, tu mourra ». Quand l'homme a entendu cela, « tu mourras », il s'est mis à rire et a dit : « Mais je suis déjà mort », qu'est ce que tu racontes-là ? Le deuxième jour, la femme avait disparu. L'homme avait peur et est allé chez la vieille femme qui l'avait conduit dans la forêt, et voici, qu'il n'y avait plus de maison en ce lieu aussi. Le lieu était recouvert de broussailles, c'était si comme personne n'avait jamais construit une maison en ce lieu.

LES CAS MODERNES

Il y a des créatures étranges qui bombardent les hommes et les femmes dans ces derniers temps. Il y a une moisson maléfique qui a lieu. Elle est centrée sur la capture des âmes pour satan. Il y a plusieurs millions d'intermédiaires sataniques qui mettent en œuvre ces programmes sataniques de destruction.

Récemment, j'ai envoyé un pasteur dans une certaine école où les enseignants et les étudiants mourraient. C'était une histoire qui prenait une ampleur de telle sorte que les enseignants avaient peur d'entrer dans les salles de classes. Il y avait une invasion satanique sur cette école. Beaucoup de choses se passent aujourd'hui. Il y a différents types d'esprits qui se font passer pour des êtres humains dans le but de tromper, manipuler, voler, tuer et détruire.

Il y a des esprits familiers qui se font passer pour des parents morts. Il y a beaucoup de beaux garçons mystérieux dont on ne peut pas trouver les origines. Il y a beaucoup de belles dames qui se baladent partout. Il y a beaucoup de filles dans les campus dont l'objectif n'est pas d'étudier mais d'initier et de prendre au piège les âmes innocentes dans la confrérie de sorcellerie. Leurs noms ne se trouvent sur aucune liste d'admission, pourtant elles sont dans les campus, en pleine résidence là-bas

Il y a des agents démoniaques qui défilent dans les marchés chaque jour. La majorité de nos marchés, ont des choses affreuses enterrées sous les étalages, ce qui donne accès aux esprits maléfiques de converger à de tels endroits.

LES AGENTS MARINS

Il y a des prostituées qui pullulent dans les rues mais ces dernières ne sont pas des êtres humains. La destinée de beaucoup d'hommes a été détruite par elles. Toute sœur dont le mari commet toujours l'immoralité avec les prostituées, devrait beaucoup prier à cause de l'invasion démoniaque qui suit toute personne qui s'amuse avec les prostituées.

Aussi, il y a les bijoux marins partout. La plupart des bijoux proviennent du monde marin. Il y a des groupes d'agents sataniques qui vendent des herbes. Ce sont des esprits de la forêt. Les mangeurs de chair et buveurs de sang abondent dans les garages, les arrêts de bus du pays. Des voyageurs provenant du monde démoniaque montent dans les véhicules comme s'ils étaient des êtres humains. Ils paient leurs frais de transport mais leur mission est de provoquer des accidents et de boire du sang.

Il y a des cuisiniers démoniaques qui vendent de la nourriture envoûtée au public. Ils utilisent la nourriture pour initier et causer des troubles aux gens.

Il y a beaucoup d'agents démoniaques dans les hôpitaux. Il y a aussi des agents qui se font passer pour des prophètes et des prophétesses, qui pullulent dans les rues ou ouvrent les nouvelles églises.

Ce sont des affaires sérieuses. Il y a un souci dans mon cœur : celui d'avertir les insouciants, d'éclairer l'ignorant et de mettre en garde l'insouciant. Il est possible de vendre moins cher sa vie sur un plateau.

Vous pouvez poser la question « Est-il possible d'avoir des êtres esprits qui ne sont pas réellement des êtres humains dans le monde des humains ? Les anges peuvent-ils être en relation avec nous en des formes humaines ? Oui ! Cela est possible, tout comme les anges sont en relations avec nous, les démons peuvent aussi envahir les êtres humains.

Hébreux 13 : 2 : N'oubliez pas l'hospitalité ; car en l'exerçant, quelques-uns ont logé des anges sans le savoir.

Cela veut dire que les anges peuvent descendre parmi nous pour manger la nourriture des hommes et boire notre eau. Les anges sont soit des esprits des ténèbres ou des esprits de lumière. « Est-il possible d'avoir des fantômes qui marchent parmi nous ? Y-a-t-il des esprits sous la forme humaine ? La Bible dit que cela est possible.

Luc 24 : 37-39 : Saisis de frayeur et d'épouvante, ils croyaient voir un esprit. Mais il leur dit : Pourquoi êtes vous troublés, et pourquoi pareilles pensées s'élèvent-elles dans vos cœurs ?. Voyez mes mains et mes pieds, c'est bien moi ; touchez-moi et voyez : un esprit n'a ni chair, ni os, comme vous voyez que j'ai.

L'EPISODE DU CIMETIÈRE

Les esprits peuvent se mélanger aux hommes. Laissez-moi partager avec vous une vraie histoire. Il y avait un homme qui avait expérimenté la délivrance quelque temps de cela. L'homme a rencontré une femme à une soirée et à décidé de la suivre chez elle. Quand ils sont entrés dans la chambre, ils ont fermé la porte à clé et voulu se mettre à commettre la fornication. Soudainement, il y a eu un grand bruit à la porte. L'homme a demandé à la femme « qui frappe à la porte ? » La femme a répondu « mon mari. » L'homme dit : « Mais je t'avais demandé si tu étais marié ? » La femme a répondu « C'était une omission ».

Les coups sur la porte continuaient. Le bruit et l'intensité des coups ont effrayé l'homme. Alors il a dit : « si cet homme peut frapper de telle façon à une porte, qu'est ce qui se passerait s'il saute sur un être humain. L'homme a demandé, « puis-je me cacher sous le lit ? » La femme a répondu « oui ». Il s'est caché sous le lit, bien qu'il se sente mal à l'aise. L'homme se posait des questions « supposer que cet homme regarde sous le lit, qu'est ce qui se passera s'il me voit ? » Il alors demandé à la femme d'ouvrir sa fenêtre afin qu'il saute dehors. La femme a ouvert la fenêtre, il a sauté par la fenêtre et s'est retrouvé au cimetière – un endroit situé à environ vingt kilomètres de chez de cette femme. Il se trouvait au milieu du cimetière en pleine nuit, il a commencé à chercher, grâce à la lumière reflétée de la lune, la porte du cimetière fut trouvée. Arrivé au portail, il a rencontré des gardiens qui étaient choqués et effrayés de voir un homme à un tel endroit au milieu de la nuit.

Ces gardiens ont fait sortir leurs amulettes et commencé à faire des incantations sur lui pensant qu'il était un revenant qui était sorti de la tombe. Il les a suppliés en les expliquant qu'il est un être vivant qu'il n'est pas un mort. Ils se sont arrêté et écouté l'homme expliquer comment il s'est retrouvé en ce lieu. Les gardiens du cimetière pouvaient alors comprendre son problème, parce que selon eux, il était la huitième personne qu'ils avaient vue dans une situation pareille.

Ils ont conseillé à l'homme d'être discipliné. Depuis ce jour-là, le problème de cet homme a commencé et c'est ce qui l'avait conduit aux Ministères de la Montagne de Feu et des Miracles. L'homme, après, avait peur de telle sorte qu'il haïssait de s'approcher généralement des femmes.

Est-ce qu'une personne peut faire l'expérience de la rencontre d'une personnalité maléfique pendant le sommeil ?» La Bible dit : « oui ».

Job 4 : 15 – Un esprit passa près de moi ... tous mes cheveux se hérissèrent ...

LES ESPRITS DÉSINCARNÉS

Cette expérience peut arriver à tout le monde "Est-ce que l'esprit d'un homme peut sortir de son corps et voyager ? L'esprit peut-il être séparé du corps et partir quelque part d'autre ? Oui, la Bible dit que c'est possible. Il n'est pas convenable pour moi d'être dans le doute en face de la gloire. Je parviendrai aux visions et aux révélations de l'Eternel.

2 Cor. 12 : 1-2 : Il faut se glorifier... Cela n'est pas bon j'en viendrai néanmoins à des visions et à des révélations du Seigneur. Je connais un homme en Christ qui fut il y a quatorze ans, ravi jusqu'au troisième ciel (si ce fut dans son corps je ne sais, si ce fut hors de son corps, je ne sais pas. Dieu le sait.

L'esprit d'un homme peut sortir de son corps et emmené très loin. Donc, il est possible que les agents des ténèbres fassent sortir l'esprit humain hors de son corps « Le corps d'une personne peut-il être transporté spirituellement ? Oui, cela est possible, c'est-à-dire, le transport du corps en esprit. Est-il possible qu'une personne soit dans un lieu comme Lagos, au Nigeria et la minute qui suit se retrouver à Londres, en Angleterre ? Est-ce que cela est possible ? Oh oui ! La Bible dit c'est possible.

Actes 8 : 39-40 : Quand ils furent sortis de l'eau, l'Esprit du Seigneur enleva Philippe, et l'Eunuque ne le vit plus. Tandis que, joyeux, Il poursuivait sa route, Philippe se trouva dans AZOT d'où il alla jusqu'à Cesare, en évangélisant toutes les villes par lesquelles il passait.

L'ESPRIT DE MORT

Est-il possible qu'une personne meurt à un moment donné et que la même personne réapparaisse quelque part d'autre en un espace de temps ?

Est-il possible que les morts apparaissent sur terre et parler aux hommes ? Oui ! Selon la Bible, c'est possible. Matthieu 28 : 5-9 : Mais l'ange prit la parole et dit aux femmes : Pour vous, ne craignez pas ; car je sais que vous cherchez Jésus qui a été crucifié. Il n'est point ici, il est ressuscité comme il l'avait dit. Venez, voyez le lieu où il était couché et allez promptement dire à ses disciples qu'il est ressuscité des morts et voici il vous précède en Galilée. C'est là que vous le verrez. Voici, je vous l'ai dit. Elles s'éloignèrent promptement du sépulcre avec crainte et avec une grande joie, et elles coururent apporter la nouvelle aux disciples. Et voici Jésus vint à leur rencontre et dit : Je vous salue. Elles s'approchèrent pour saisir ses pieds et elles se prosternèrent devant lui.

Est-il possible que des esprits qui étaient enfermés quelque part puissent sortir pour créer des problèmes aux hommes et aux femmes sur la surface de la terre ? Oui ! Ils le peuvent. Ce sont des esprits qui opèrent dans les tombes.

Il y a des esprits sous la terre. C'est pourquoi la Bible dit, Philippiens 2 : 10 afin qu'au nom de Jésus tout genou fléchisse dans les cieux, sur la terre et sous la terre.

INCUBI ET SUCCUBI

Est-ce que les anges peuvent avoir des rapports sexuels avec les filles des hommes ? Oui, cela peut se passer. C'est ce qui est appelé maris de nuit ou femmes de nuit.

Genèse 6 :1-2 : Lorsque les hommes eurent commencé à se multiplier sur la face de la terre, et que des filles leur furent nées, les fils de Dieu virent que les filles des hommes étaient belles, et ils en prirent pour femmes parmi toutes celles qu'ils choisirent.

Les fils de Dieu, selon les versets ci-dessus sont des anges. Cela est arrivé que les anges et les êtres humains aient eu des rapports sexuels et il s'en est suivi un développement indésirable qui continue à se produire.

Cette révélation ne doit faire peur à personne mais elle doit mettre en garde l'insouciant et instruire tout le monde de se détourner de l'ignorance. Si Dieu devait réellement révéler ce qui se passe dans le monde spirituel, vous aurez extrêmement de la peine pour les hommes et les femmes. Par exemple, beaucoup de maisons dans lesquelles vivent les gens sont construites sur des mauvaises fondations et sur des autels.

LE TRAFFIC DEMONIAQUE

Dieu veut ouvrir les yeux de beaucoup de gens afin qu'ils voient ce qui se passe dans le monde spirituel. Les lieux comme les marchés, les carrefours, les cimetières, les plages, chez les féticheurs, les églises occultes, les soirées, les cinémas, les restaurants de soupes sont reconnus comme des lieux de grand trafic de ces agents sataniques. Ce serait avantageux de protéger sa vie.

Pourquoi l'ennemi envoie-t-il ce genre de messagers maléfiques dans le monde ? C'est dans l'intention de terrifier l'ignorant.

Il y avait plusieurs années, un homme de plus de quatre-vingt ans est mort. Longtemps après le décès de l'homme, le bruit particulier de sa canne retentissait régulièrement dans la nuit. Chaque locataire s'était alors acheté des pots de toilette plastiques pour ne pas sortir pendant la nuit. Ils pensaient qu'ils avaient trouvé la solution jusqu'à ce que je les encouragés de s'assembler et de prier contre l'invasion satanique.

Il y a des années de cela, un homme nous a été apporté parce qu'il avait vu quelqu'un qu'il connaissait et qui était mort depuis longtemps. Au lieu que cet homme ferme les yeux sur ce qu'il avait vu et s'éloigne rapidement, il a continué à crier le nom du mort. Celui-ci ne lui a point répondu. Alors l'homme est allé taper la personne morte sur son dos. La personne morte lui a donné une gifle et l'homme était devenu inconscient. Lorsqu'il a finalement ouvert les yeux, il était devenu fou.

Les esprits maléfiques terrifient les hommes par leurs activités méchantes afin qu'ils soient initiés dans les associations démoniaques. Il y a des agents des ténèbres spéciaux qui recherchent des gens avec une bonne destinée pour les enrôler dans l'armée de Satan. Ils le font dans le but de voler, de tuer et de détruire.

LE RAPPORT D'UN JOURNAL

Dans un journal Nigérian appelé « **The Guardian** », Il y avait un rapport qui parlait de l'Eglise, c'était dans l'édition du 5 Novembre 2004. Le rapport disait qu'il y avait trois ans, une fille appelée Flora allait à l'Eglise et avait disparu peu de temps après. Les parents qui étaient Chrétiens ont continué de prier depuis sa disparition, mettant leur foi en Dieu que Flora serait retrouvée.

Quelques temps après, un autre groupe de personnes était kidnappé, parmi ces gens se trouvait un frère qui faisait un jeûne de trois jours au moment de l'enlèvement. Ce frère disait que quand ils ont été mis dans un bus, ils étaient si faibles qu'ils ne pouvaient pas poser de questions. Des pouvoirs maléfiques étaient déjà utilisés pour les rendre engourdis.

Les kidnappeurs les ont emmenés très loin dans la forêt. Il a continuée en disant : Dès qu'ils sont arrivés dans la forêt, ils ont été divisés en deux groupes. Un groupe qui sera abandonné dans la forêt et qui s'y promènera comme des animaux sans cervelle. L'autre groupe sera enfermés dans des cercueils et enterrés vivants. Leurs esprits seront invoqués par la suite et ils seront utilisés pour faire de l'argent. C'était le programme qui devait être exécuté sur la vie des personnes kidnappées.

Le frère s'est retrouvé dans le groupe de ceux qui devaient être enterrés vivant. Le frère disait qu'avant de l'enfermer dans le cercueil pour l'enterrement, une fille est sortie de la forêt pour lui parler. La fille a dit que la marque de Dieu était sur le frère et c'était la raison pour laquelle elle était venue lui parler. La fille a ajouté que seules les mains de Dieu pouvaient faire sortir toute personne de la forêt.

La fille a donné son nom, son adresse et le nom de ses parents. Elle a raconté qu'elle était dans cette forêt depuis trois ans. Elle a dit que son nom est Flora. Le frère était enfermé dans le cercueil. Au cinquième jour de son jeûne à sec, il entendait le bruit des clous qu'on enfonçait dans le cercueil. Le frère entendait la force du sable qu'ils déversaient sur le cercueil.

A ce moment là, il ne savait plus ce qui se passait encore. Il a dit qu'à minuit, il a vu une épée que tendait un ange de Dieu vers son cercueil et le cercueil s'est ouvert d'un coup.

Il s'est rendu compte que son corps brûlait dans le feu comme le cercueil s'ouvrait. Il a découvert qu'il était mystérieusement capable de sortir de la tombe malgré le feu. L'ange lui a dit « suis-moi » il a suivi l'ange. L'ange l'a conduit là où les sacs et l'argent de ceux qui avaient été kidnappés étaient gardés. Le frère avait seulement N60.00 au moment de son enlèvement. L'ange lui a dit « prends seulement tes N60.00 »

Il a pris ses soixante nairas et son sac et ensuite, a suivi l'ange. Ils ont traversé la forêt au milieu de la nuit. A un certain moment, le frère était fatigué. Quand l'ange a vu qu'il était fatigué, il lui a dit : « Lève-toi et mange » et voici qu'un plat de riz accompagné de vingt quatre morceaux de viande est apparu. Le frère a mangé tout et il a regagné sa force. Le frère se disait en esprit que comment est-ce possible sur terre qu'un homme enfermé dans un cercueil puisse marcher en toute liberté ? Plus qu'il y pensait, plus il devenait affaibli, éventuellement il est tombé et il s'est s'endormi. Quand il s'est réveillé, il se retrouvait à la « Cité de prière », notre camp de prière situé sur l'autoroute Lagos/Ibadan autoroute.

Le frère n'était pas un membre des Ministères de la Montagne de Feu et des Miracles. Il s'est retrouvé aux portails en train de dormir avec ses mains qui lui servaient d'oreiller. Quand il narrait l'histoire quelque part, un homme qui connaissait le père de Flora qui avait été kidnappé l'a entendit et l'a éventuellement conduit chez le père de Flora.

Des choses étranges se passent autour de nous ! Il y a beaucoup d'agents sataniques autour de nous. Une partie des missions de ces agents c'est de rendre confus et de frustrer. Ils trompent et égarent aussi. Ils plantent des dépôts démoniaques dans la vie des gens. Ils empêchent les enfants de Dieu d'avoir accès à leurs destinées.

LE POUVOIR CONTRE L'INVASION DEMONIAQUE

Comment devons nous y prendre avec ces genres de créatures maléfiques ?

Vous devez prier pour l'esprit de discernement.

Quelqu'un avait bien dit : « les yeux qui voient sont nombreux mais les yeux qui discernent sont rares ». Nous avons tous besoin des yeux d'Elisée qui pouvaient voir ceux qui étaient du côté des ennemis et ceux qui étaient du côté de Dieu. Il a dit à son serviteur. « Ne crains point, car ceux qui sont avec nous plus nombreux que ceux qui sont avec eux. »

Il y a ceux qui sont du côté de l'ennemi et ceux qui sont au côté des enfants de Dieu. Elisée pouvait reconnaître les deux côtés. L'un des secrets d'Elisée, c'est sa vision spirituelle. Comment l'on parvient-il à développer ce genre de puissance de discernement. Ce qui suit, sont les méthodes Bibliques.

- En vivant une vie de sainteté sans compromission
- En priant par le Saint-Esprit pendant un long-moment
- En s'adonnant à la louange
- En possédant une bouche disciplinée
- En ayant une vie de jeûne
- En priant pour recevoir le discernement de l'esprit ce qui est décrit dans 1 Cor. 12 : 10.

1 Cor. 12 : 10 « A un autre le don d'opérer des miracles ; à un autre, la prophétie ; à un autre, le discernement des

esprits ; à un autre la diversité des langues ; à un autre, l'interprétation des langues. »

Barricader votre vie contre leurs attaques

Faites cela par une confession régulière de protection et en vous couvrant régulièrement avec le sang de Jésus.

Ne sortez pas de votre maison sans avoir prié

Ne sortez pas de votre maison sans avoir au préalable prié. Il est possible que vous sortiez le matin de votre maison et de ne pas y retourner le soir.

Il y a un grand combat à mener et il y a des esprits à combattre.

Bien aimés, il y a une grande invasion satanique en ce moment. Donc, veillez et priez. Cultivez la vie d'un guerrier. Ne soyez pas une victime d'une invasion satanique.

POINTS DE PRIERE

1. Toute flèche de l'ennemi qui me fera perdre mes sens, ma vie n'est pas ta candidate, retourne à l'envoyeur, au nom de Jésus.
2. Ma famille ne sera pas la proie des tueurs pour les rituels, au nom de Jésus.

3. Toute méchanceté programmée contre moi par les esprits de polygamie, meurs, au nom de Jésus.

4. Tout combat envoyé dans ma vie par les esprits de polygamie, meurs, au nom de Jésus.

5. Toute servitude programmée dans ma vie par toute personne morte, meurs, au nom de Jésus.

6. Toute nourriture maléfique que j'ai mangé à travers la sorcellerie de la polygamie, je la vomie par le Feu.

7. Tout propriétaire de bagages maléfiques, que tu sois vivant ou pas, je t'ordonne d'apparaître maintenant, au nom de Jésus.

8. Tout propriétaire de bagages maléfiques, porte tes bagages, au nom de Jésus.

9. Je retourne à l'envoyeur toute flèche de la sorcellerie envieuse de la maison de mon père, au nom de Jésus.

10. Toute malédiction prononcée contre ma destinée par toute femme étrange, meurs, au nom de Jésus.

11. Toute malédiction de « Rien ne marchera pour toi », meurs au nom de Jésus.

12. Ma destinée, refuse d'être sacrifiée sur l'autel de l'échec, au nom de Jésus.

13. Ma gloire qui se trouve dans le chaudron de la sorcellerie de la polygamie, lève-toi et brille, au nom de Jésus.

CHAPITRE DEUX
LA LICENCE POUR TUER

Satan est un tueur. La mission de tuer ou de destruction est prioritaire dans son programme. Le diable continuera de mettre sa mission à exécution et la réussira si les Chrétiens continuent à croiser les mains.

Autant le diable continu à multiplier le nombre de ses victimes sur le champ de bataille, autant Dieu élève une nouvelle race de guerriers agressifs. Ces guerriers sont aussi des tueurs. Qui et qu'est ce qu'ils tuent ? Ils tuent les œuvres du diable aussi bien que les méchants agents sataniques.

Le plus grand phénomène dans ces derniers temps, c'est qu'il y a des Chrétiens qui ont reçu le droit de tuer. Un ordre a été donné aux guerriers des derniers temps : Celui d'anéantir les sorciers, les sorcières et les agents sataniques. Ils tiennent l'épée de jugement avec laquelle ils décapitent les agents des ténèbres.

Dans ce chapitre, Dieu formera vos mains à combattre et vos doigts à lutter. Dieu vous élèvera comme un guerrier. Vous obtiendrez aussi un permis qui vous donnera le droit de tuer avec impunité tout agent des ténèbres qui se lève pour manger votre chair ou boire votre sang.

Ce message peut sauver votre vie un jour.

1Jean 3 : 8 – Celui qui pèche est du diable, car le diable pêche dès le commencement, le Fils de Dieu a paru afin de détruire les œuvres du diable.

LA POURSUITE MECHANTE

Le verset ci-dessus montre Jésus Christ comme un destructeur. Il est venu délibérément à dessein pour détruire les œuvres du diable. La question est la suivante : Que feriez-vous quand vous avez un ennemi qui a juré de boire votre sang et de manger votre chair ? Qu'est ce qui doit être fait quand le plus grand cadre des sorciers est assigné contre vous pour vous éliminer et d'exterminer votre existence ? Que feriez-vous quand les pouvoirs des ténèbres ont fait un serment de vous détruire comme ils l'ont fait pour Paul ?

Que feriez-vous quand vous savez que l'esprit de Saul vous poursuit comme il a poursuivie David ? Que feriez-vous quand l'esprit de Cain vous cherche pour vous éliminer ? Que feriez-vous quand vous savez que votre nom circule déjà parmi les assassins spirituels ? Croiseriez-vous les mains pendant qu'ils mettent leur méchante mission à exécution ? Que feriez-vous quand vous êtes entouré de méchants ennemis ?

Un frère avait été nommé directeur général. Voici que le chauffeur de l'ancien directeur général lui avait été assigné. Un jour, le frère a décidé d'aller en voyage. Comme ils traversaient un certain village au cours de route, le chauffeur a dit : «Nous avions une fois visité un puissant féticheur ici».

Quand ils sont arrivés dans la ville du nouveau directeur, le chauffeur dit : « Nous avions aussi visité des féticheurs dans cette ville ». Le frère était choqué que le chauffeur lui donne les moindres détails des consultations occultes de fétichisme de l'ancien directeur général.

Le chauffeur a encouragé le frère à continuer à servir son Dieu qui l'a délivré du pouvoir des fétiches façonnés contre lui par son ancien patron. A ce moment-là, le frère avait pris conscience qu'il travaillait dans la cage aux lions.

LES ENNEMIS DESTRUCTEURS

Que feriez-vous quand vous avez un signal au-dedans de vous que votre nom a été circulé parmi les assassins spirituels qui sont déterminés à vous tuer ? Quand vous savez par votre rêve qu'un poison destiné à vous tuer a été injecté dans votre système. Que feriez-vous ? Avez-vous entendu les témoignages de personnes qui alors qu'ils dormaient ont été spirituellement injectées ?

Que feriez-vous quand vous êtes confronté à un ennemi qui a juré de mourir à moins qu'il vous ait ? Que feriez-vous quand vous êtes face à face avec un ennemi qui a vendu son âme à satan ; un ennemi pour qui il n'y a aucune possibilité de repentir. Que feriez-vous quand les flèches de la mort ont eu accès à votre vie.

Que feriez-vous quand vous êtes ouvertement menacé par les méchants ennemis ? Si quelqu'un vous regarde dans les yeux et dit, "ta mère regrettera le jour elle t'a mise au monde". Que feriez-vous quand vous crier au secours mais l'ennemi éloigne de vous vos bienfaiteurs divins ? Que feriez-vous quand vous êtes repoussé dans un coin dans le combat de la vie ? Que feriez-vous quand vous êtes tourmenté par un ennemi très rusé ? Que feriez-vous quand l'ennemi a déterminé de transformer votre joie à douleur ? Si vous faites face à un tel ennemi vous ne pouvez pas jouer ou vous comporter au gentilhomme. Si vous minimisez un tel ennemi, vous êtes en train de creuser votre propre tombe.

LA GIFLE DEMONIAQUE

J'ai prié avec un avocat en 1995. Il était allé à la justice pour défendre dans un procès. Pendant qu'il présentait ses arguments, le juge secouait sa tête et lui disant d'arrêter de parler parce qu'il a gagné le procès. Mais l'Avocat dit : « Votre honneur, je ne veux pas arrêter de parler, je veux absolument gagner le procès. Il a continué ainsi et bien sûr, il a gagné le procès. L'autre avocat qui défendait qui était la partie adverse s'est mis en colère et quand la session s'est close, l'avocat amer s'est dirigé tout à coup vers l'avocat qui avait gagné le procès et lui a administré une terrible gifle dans le court de justice.

L'avocat qui était coupable de ne pas avoir respecté le protocole du court avait été rappelé et on l'a informé qu'il serait sanctionné. Mais le mal avait été déjà commis. Quand l'avocat qui avait gagné le procès est arrivé à la maison, il a embrassé sa femme et à sa grande surprise, elle est tombée morte. Sa fille sortie, voulant savoir ce qui était arrivé à sa mère. Dès que la main de son père l'avocat a touché sa fille, elle aussi est tombée et morte. Son fils unique est sorti en criant « papa » mais l'homme ayant pris conscience de ce qui s'était passé a pris la fuite en disant à son fils « ne me touché pas. Si tu le fais, tu mourras » Il n'a pas touché son fils jusqu'à ce qu'il vienne pour des prières. S'il avait touché son fils, son fils serait aussi mort.

Qu'auriez-vous fait vous vous retrouvé dans une situation pareille ? Que feriez-vous quand les ennemis ont bloqué toutes les échappatoires ? Je suis sûr que vous feriez tout en votre pouvoir pour vous débarrasser d'un tel méchant ennemi. Et maintenant je veux que vous priiez : Tout pouvoir qui ne veut pas que je vive en paix, sois confondu, au nom de Jésus.

DES FAITS ETRANGES

Il y a certaines choses que vous devez savoir à votre sujet, sur votre foi et vos combats spirituels. Certaines choses sont entièrement vraies malgré qu'elles semblent difficiles ou dure. Nous allons exposer des vérités profondes dans ce chapi   Ça c'est une vérité, malgré qu'elle paraisse étrange.tre.

☞   **La première vérité étrange est celle-ci ; si vous ne tuez pas les esprits méchants, ils vous tueront.**

La Bible dit : "Pour cette raison, le fils de Dieu a manifesté afin de détruire les œuvres du diable".

Si vous ne détruisez pas les esprits méchants, ils vous détruiront. Si vous ne les tuez pas, ils finiront par vous tuer. C'est une vérité sans fard.

Je me souviens du témoignage d'une sœur qui avait été promue et à qui on a dit : « Le dernier occupant de ce poste est mort, peut être tu vas bientôt suivre. Tu aurais dû rejeter cette promotion. »   Elle pensait que ces déclarations étaient juste des plaisanteries.

Alors, un jour, alors qu'elle travaillait dans son bureau, elle a senti quelque chose de glacé sur ses jambes. Quand elle a regardé derrière, il y avait un serpent qui s'était enroulé autour de ses jambes. Dieu merci, la sœur venait de changer d'église. Elle allait dans le passé dans une église caractérisée par modèles d'adoration formelles, virtuelles et léthargiques.

Elle était déjà aux Ministères de la Montagne de Feu et des Miracles au moment où elle était attaquée, donc elle avait appris le combat spirituel.

Cette sœur a regardé ce serpent terrible et a appuyé sur le bouton de la sonnerie qui se trouvait sur le mur de son bureau pour alerter les autres. Un messager a accouru entra dans le bureau, dès qu'il a aperçus le serpent, il a crié et claqué la porte et n'est pas revenu, Immédiatement, la sœur a regardé le serpent et pria ainsi. « Toi serpent des ténèbres, je t'électrocute par le Feu du Saint-Esprit. » Immédiatement, après ses paroles, elle pouvait voir la peur dans les yeux du serpent. Le serpent est tombé soudainement par terre et mort. Si elle n'avait pas tué le serpent, elle serait tuée.

S'il vous plaît, arrêtez de lire pour le moment et priez de cette manière : « Serpent des ténèbres, écoute-moi et écoute-moi très bien, ton heure est arrivé, meurs, au nom de Jésus. »

Ceci est vraiment une vérité étrange ; Si vous ne tuez pas les méchants agents sataniques, vous serez tué. Au moment de votre mort, le Pasteur qui a négligé de vous donner des points de prière à faire contre votre ennemi, il viendra pour conduire vos funérailles. Il ira au cimetière et dira "Le Seigneur a donné, le Seigneur a repris, Béni soit le nom du Seigneur." N'écoutez pas de tels Pasteurs. Le Seigneur n'a pas tué, c'est le serpent des ténèbres qui a tué.

☛ **La deuxième vérité qui est difficile à avaler c'est que, Dieu est un tueur.**

Le Seigneur lui-même est l'ultime machine à tuer. Dieu a tué les gens avec le déluge. Il a tué les hommes avec le soufre brûlant. Dieu a enterré des hommes vivants de façon instantanée. Dieu a tué des hommes avec le feu, c'est Dieu qui avait demandé à un lion de dévorer un prophète, c'était Dieu qui avait affligé des hommes de lèpre. Dans le passé, Dieu avait aussi affligé les hommes de malédictions, de confusion, de maladies et d'autres choses. Dieu Lui-même est l'ultime tueur. Il était celui-là même qui avait transformé la femme de Lot en statue de sel. Dieu a ouvert la terre pour avaler Korah, Dathan et Abiram. C'est Dieu qui a frappé Uzzah à mort quand il avait touché l'arche de Dieu. C'est Lui qui avait tué le bébé de Jéroboam. C'est Dieu qui a frappé vingt-quatre mille Israéliens à mort à cause de leur immoralité. Dieu a aussi noyé l'armée Egyptienne.

Tout récemment, les archéologues ont fait des recherches sur l'armée Egyptienne qui avait été noyée dans la Mer Rouge pendant le temps de la Bible. Un archéologue avait découvert les chariots du Pharaon. Quand il a vu la découverte du chariot, il était fait d'or massif. Malheureusement, la découverte a été faite près de l'Arabie Saoudite. Ce pays a bloqué les recherches. Donc, il ne pouvait plus les poursuivre. Mais, il a découvert le chariot en or de Pharaon que Dieu avait fait sombrer dans la Mer Rouge.

☛ **Nous sommes en mission pour tuer.**

Pour être plus honnête avec vous, nous sommes en mission spéciale sur la terre. La mission est de tuer. La plupart de ceux qui sont en enfer sont là, parce qu'ils ont refusé de tuer le péché. Votre mission spéciale sur la terre, c'est de tuer ou de détruire les œuvres du diable.

☛ **Les anges de ténèbres qui sont les agents sataniques sont là pour vous tuer.**

Il y a des anges des ténèbres qui ont obtenu votre nom et votre adresse et ils veulent vous tuer. Cela peut paraître étrange mais c'est la pure vérité. Vous vous trompez en pensant que les serpents et les scorpions sont là pour jouer avec vous. Ignorer le fait que les agents sataniques soient là pour vous tuer est semblable aux actions d'un homme qui rentre dans sa chambre et trouve un autre homme sous son lit et dit : « Monsieur, que faites-vous sous mon lit ? Quoique je ne te connaisse pas, mais, parce que je veux dormir, vous pouvez demeurer sous mon lit. J'espère que tu n'as pas de fusil avec toi n'est-ce pas? » Il saute dans son lit et s'endort ! Faire cela c'est décider de s'endormir alors que le danger demeure sous le lit.

☛ **Il y a plusieurs agents tueurs autour de nous.**

Le paludisme est un agent tueur. Le sida est un agent tueur. Les agents de maladie sont tous des tueurs. Quand un médecin vous donne un antibiotique à l'hôpital, il vous a donné un tueur parce que l'antibiotique tue. Il pénètre le sang et tue les germes. Et si les germes ne sont pas tués, ils vous tueront.

☛ **Les croyants possèdent des voix qui tuent à la fois spirituellement et physiquement.**

A Port-Harcourt, une ville du Nigeria, un incident s'est produit dans la vie d'une sœur qui est membre de MFM. Après le culte d'onction à l'Eglise, on a dit aux membres d'oindre leurs maisons. Comme la femme oignait sa maison, un serpent est sorti brusquement de son salon. La femme a fixé le serpent et dit : « Serpent ! Sois arrêté ». A son grand étonnement, le serpent est rentré dans les toilettes et a été arrêté là-bas. La femme a hurlé au secours, appelé des gens qui sont arrivés et ont tué le serpent.

Dans la même maniere, en tant que croyants, nous devons faire attention à ce que nous disons. La bouche peut tuer à la fois spirituellement et physiquement. Vous devez faire très attention à ce que vous dites au sujet de votre pays. Votre voix peut tuer la nation. Votre voix peut faire aussi à ce que votre pays vive.

☛ **Il y a beaucoup de choses à tuer.**

Qu'est ce que cela veut réellement dire ? Tuer c'est de mettre fin à, c'est de détruire la qualité essentielle d'une chose. Tuer veut dire amener quelque chose à arrêter son action. Tuer veut dire détruire, ou priver quelque chose de vie. Tuer veut dire effacer, couper, annuler. Tuer veut aussi dire éradiquer ou détruire une fonction. Tuer veut aussi dire que quelque chose peut être en vie mais est morte parce qu'elle a arrêté de fonctionner.

Examinons un passage dans la Bible afin de découvrir la preuve que les enfants de Dieu sont supposés tuer les œuvres des ténèbres.

Exodus 7 : 1 : « L'Eternel dit à Moïse : Vois, je te fais Dieu pour Pharaon ; et Aaron, ton frère, sera ton prophète.

Savez-vous que les paroles qu'a vomies Moïse et qui ont apporté les plaies sur les Egyptiens, venaient de Dieu Tout-Puissant ? Dieu a vomi ces paroles en Moïse et Moïse les a prononcées. Les paroles tueuses sont de Dieu.

Dieu a dit à Moïse, Je te fais Dieu pour Pharaon. Dieu a fait des Chrétiens des êtres spéciaux à craindre. Quand un croyant apparaît, les sorciers doivent prendre la fuite. Quand un croyant arrive quelque part, les sorciers et les sorcières doivent prendre la fuite arrêter leurs opérations.

LA CELEBRATION DEMONIAQUE

J'ai une fois lu un vieux livre qui racontait ce qui s'était passé quand Joseph Ayo Babalola est mort. Les démons disaient qu'ils avaient organisé un culte d'actions de grâce. Ils proclamaient : « Le tourmenteur est mort ». Une telle crainte devrait posséder votre ennemi.

Moïse est retourné en Egypte et a commencé une mission de destruction. Prodiges après prodiges, signes après signes et miracles après miracles se produisent contre les Egyptiens. Il a commencé le combat avec son bâton qui s'est transforma en serpent. De là, le combat s'est déplacé à la surface des eaux. Après, il a amené le combat dans les airs, plus tard, le combat a été conduit dans les lieux célestes.

☛ **Quelques exemples de la démonstration de puissance.**

Moïse à fait descendre la puissance de Dieu sur la terre. Pharaon s'est éventuellement soumis et a demandé que les Israélites s'en aillent. Pharaon n'a pas permis aux Israélites de partir jusqu'à ce que Dieu tue tous les premiers nés d'Egypte.

Elie est arrivé aussi et a commencé sa mission de destruction. Ses ennemis sont venus vers lui et lui ont dit, « Si tu es un homme de Dieu, descends. » Alors, Elie a dit : « Si je suis un homme de Dieu, que le feu descende ». Le feu est descendu et a consumé environs 102 personnes. Il était très respecté.

Les prophètes de Baal se sont levés contre Elie, Elie a invoqué le Dieu d'Elie de répondre par le feu. Le feu est descendu et a tué tous les prophètes de Baal.

Pierre a prononcé des paroles tueuses sur Ananias et Saphira et ils sont morts par la suite. La Bible dit : « Voici, je vous ai donné le pouvoir de marcher sur les serpents et les scorpions, et sur toute la puissance de l'ennemi ».

Marcher sur les serpents et les scorpions veut dire tuer ces serpents et ces scorpions. Cela signifie tuer tous les pouvoirs de l'ennemi. Dès que vous prononcez la mort sur le pouvoir de l'ennemi, ils ne pourrons plus vous faire de mal.

LA SENTENCE DE MORT

Jésus Lui-même nous a donné l'exemple à suivre. Il a prononcé la mort sur le figuier et le lendemain matin, le figuier a séché. Une sentence de mort avait commencé à agir contre le figuier dès que Jésus l'avait prononcée. Si le programme de l'ennemi s'était réalisé dans votre vie, vous ne seriez pas en vie aujourd'hui. Malgré que vous soyez toujours vivant, ces esprits ont refusé d'abandonner. Pour mettre fin à leurs activités, vous devez obtenir le droit de tuer, chez Jésus. Le Seigneur est l'officier chargé de donner ce droit dans le bureau du Saint-Esprit.

Hébreux 2 : 14 : « Ainsi donc, puisque les enfants participent au sang et à la chair, il y a également participé lui-même, afin que, par la mort, il anéantisse celui qui a la puissance de la mort, c'est à dire le diable ».

VOTRE MISSION

Votre mission sur la terre, c'est de tuer. Vous êtes oint pour cet objectif. Vous êtes programmé pour tuer. Vous êtes formé pour tuer. Vous avez reçu le pouvoir pour la capacité de tuer afin que les éléments sataniques soient éliminés. Vous devez continuer à tuer afin que les maladies, l'affliction l'opposition satanique, l'ulcère et les autres maladies soient tués. Toute chose qui veut tuer votre appel doit être aussi tuée. Toute chose qui veut tuer votre mariage doit être tué à l'instant même. Toute chose qui veut tuer votre vie de prière doit être tuée.

Tout ce qui veut tuer votre onction tueuse doit être tuée. Toute chose qui veut tuer votre progrès, votre avancement, votre promotion et votre destinée doit être tuée. Si vous ne les tuez pas, alors, vous serez tués.

Vous êtes oint pour tuer tout pouvoir qui agit contre votre destinée. Vous êtes oint pour tuer tout pouvoir qui veut vous tuer. Si vous voulez être un pilot alors vous devez recevoir ou obtenir un permis. Si vous voulez être un chauffeur, vous devez obtenir un permis. Si vous voulez établir une compagnie maritime, vous avez besoin de permis. Pour avoir une arme, vous avez besoin de permis de port d'arme. Peu importe comment fragile, faible affamé et maigri un policier peut apparaître, s'il vous ordonne de vous arrêter, vous devez vous arrêter parce qu'il a reçu l'autorité de vous arrêter. Et quelle que soit votre richesse ou votre aisance, vous devez vous arrêter. Il a l'autorité de vous arrête.

Vous avez besoin d'un permis spirituel pour que votre voix puisse porter en elle l'autorité divine. Vous devez obtenir un permis afin que votre voix puisse porter le pouvoir de déraciner, de renverser, et de détruire. Vous en avez besoin afin de prononcer la mort sur toute situation organisée pour vous tuer. Si vous voulez faire usage de votre droit de tuer, alors vous devez faire des prières qui tuent. Quand vous vous retrouvez dans une situation dans laquelle on veut vous tuer, faites usage de votre plus puissante arme.

Analysons le genre de prières qui représentent des prières qui tuent.

1. L'AUTODESTRUCTION

Le premier genre de telles prières se trouve en Ezéchiel 5 : 10. Cette prière peut paraître sévère mais si vous ne tuez pas ceux qui ont décidé de vous tuer, ils finiront par vous tuer. Ces prières ne sont pas ciblées contre des êtres humains mais elles sont ciblées contre tout pouvoir de l'ennemi y compris les serpents et les scorpions.

Ezéchiel 5 : 10 : « C'est pourquoi des pères mangeront leurs enfants au milieu de toi, et des enfants mangeront leurs pères ; j'exercerai mes jugements contre toi, et je disperserai à tous les vents tout ce qui restera de toi."

Le premier genre de prière, c'est de donner l'ordre aux ennemis de se manger entre eux. La même chose peut être vu en Esaïe 49 : 26.

Je ferai manger à tes oppresseurs leur propre chair. Ils s'enivreront de leur sang comme du mout ; et toute chair saura que je sui l'Eternel, ton sauveur, ton rédempteur, le puissant de Jacob.

C'est une prière très simple mais très efficace. Vous leur ordonnez de boire leur propre sang et de manger leur propre chair. Vous pouvez la faire de cette manière « tout agent de mort, délégué contre ma vie, bois ton sang et mange ta chair. »

2. LA VENGEANCE

Le deuxième type de prière est celui que la veuve a fait en Luc 18 :3.

Il y avait aussi dans cette ville une veuve qui venait lui dire : fais-moi justice de ma partie adverse.

Cette prière est très puissante aussi. Cette prière nécessite que vous criiez à Dieu, pour vous venger de votre adversaire. Vous devez prier de cette manière « Oh ! Seigneur, lève-Toi et fais-moi justice de ma partie adverse ».

3. LE MALHEUR

Le troisième type de prière qui tue se trouve dans le livre d'Ezéchiel.

Ezéchiel 16 : 23 : « Après toutes tes méchantes actions – malheur, malheur à toi dit le Seigneur, l'Eternel, »

Ce genre de prière exige d'ordonner le malheur sur tous vos ennemis. Nous avions l'habitude de faire une très puissante prière dans l'Eglise qui est la suivante « Malheur à cet instrument que l'ennemi utilise pour me faire du mal. »

4. LA PRIERE ACIDIQUE

Le quatrième genre de prière à faire quand vos ennemis se lèvent contre vous pour vous tuer se trouve en Ezéchiel 16 : 27 ;

Et voici, j'ai étendu ma main contre toi, j'ai diminué la part que je t'avais assigné, je t'ai livré à la volonté de tes ennemis, les filles des Philistins qui ont rougi de ta conduite criminelle.

Ce genre de prière exige de commander à vos ennemis d'être livrés dans les mains de leurs propres ennemis. Voici un modèle : "Ennemis de mes ennemis, levez-vous pour manger mes ennemis, au nom de Jésus".

5. COMMANDER LES CIEUX

Le cinquième genre de prière se trouve dans le livre de Juges.

Juges 5 : 20- Des cieux, on combattit, de leurs sentiers, les étoiles combattirent contre Sisera.

Ce genre de prière exige de commander les cieux pour combattre pour nous. Un modèle de ce type de prière est le suivant : "Oh ! Cieux combattez pour moi."

Combattre depuis le ciel est comme la connaissance informatique dans ces temps modernes. Il est difficile d'entrer dans des bureaux et faire quelque chose de sérieuse sans une petite connaissance informatique. Si vous n'êtes pas instruit en informatique alors vous traînerez derrière. Bientôt, les Chrétiens qui sont dépourvus de la connaissance de comment combattre du ciel demeureront en arrière dans le domaine de la technologie spirituelle. La personne qui peut combattre depuis le ciel a le contrôle sur toutes les autres choses.

Il y a de nombreux débats sur le terrorisme, les terroristes et sur toute forme d'otages.

La vérité est que les fusils et les guerres ne peuvent résoudre aucun problème. Beaucoup de gens se sont programmés dans les réseaux célestes avant même que ceux qui mèneront le combat ne se réveillent. Ils programment des fétiches et des enchantements dans l'atmosphère avant même que les Chrétiens ne se réveillent.

Si vous êtes ignorant concernant la manière de démanteler ces réseaux célestes, alors vous gaspillerez votre temps. Comment pouvez-vous confronter un ennemi qui est un commando-suicide ? Comment combattrez-vous un ennemi qui est prêt à mourir en vous combattre ? La seule réponse est de combattre depuis les cieux.

6. PURIFICATION DIVINE

Le sixième type de prière se trouve dans le livre d'Ezéchiel 20 : 38.

Je séparerai de vous les rebelles et ceux qui me sont infidèles ; je les tirerai du pays où ils sont étrangers, mais ils n'iront pas au pays d'Israël, et vous saurez que je suis l'Eternel.

Ce genre de prière exige de demander à Dieu de purifier et d'épurer votre maison afin que les rebelles ou les agents sataniques qui s'y cachent soient exposés.

7. METTRE LE FEU AUX ARBRES MALEFIQUES

Le septième type de prière à faire peut être trouvé en Ezéchiel 21 : 3.

Tu diras à la forêt du midi. Ecoute la Parole de l'Eternel ! Ainsi parle le Seigneur, l'Eternel : Je vais allumer un feu au-dedans de toi, et il dévorera tout arbre vert et tout arbre sec ; la flamme ardente ne s'éteindra point et tout visage sera brûlé, du midi au septentrion.

Ce genre de prière exige d'ordonner à tous les arbres qui coopèrent avec vos ennemis d'être rôti par le feu de Dieu. Voici un exemple : "Tout arbre des ténèbres, agissant contre ma destinée, sois rôti par le feu de Dieu, au nom de Jésus.".

8. UN COMBUSTIBLE POUR LE FEU

Le huitième genre de prière à faire se trouve en Ezéchiel 21 : 37. « Tu seras consumé par le Feu ; ton sang coulera au milieu du pays, on ne se souviendra plus de toi. Car moi, l'Eternel, j'ai parlé.»
Cette prière exige d'ordonner à l'ennemi de devenir un combustible pour le feu divin.

9. LA DESTRUCTION DES BIENFAITEURS

Un autre type de prière qui peut être faite se trouve dans le livre d'Ezéchiel.

Et ils sauront que je suis l'Eternel, quand j'allumerai un feu en Egypte, et quand tous ses soutiens seront détruits.

Ce type de prière, c'est d'ordonner aux soutiens de vos ennemis d'être détruits.

10. LES HAMEÇONS A LEURS MACHOIRES

Un autre type de prière qui tue peut se trouver dans le livre d'Ezéchiel 29 : 3-4. « Parle, et tu diras : Ainsi parle le Seigneur, l'Eternel : Voici, j'en veux a toi, Pharaon, roi d'Egypte, grand crocodile, qui te couche au milieu de tes fleuves, et qui dit : Mon fleuve est à moi, c'est moi qui l'ai fait ! Je mettrai une boucle à tes mâchoires, j'attacherai à tes écailles les poissons de tes fleuves, et je te tirerai du milieu de tes fleuves avec tous les poissons qui s'y trouvent et qui seront attachés à tes écailles.

Ce genre de prière se centre sur l'ordre donné à l'hameçon de Dieu de tuer tout pouvoir des eaux qui agit contre votre destinée. Vous devez prier que l'hameçon du Seigneur recherche et détruis tout pouvoir des eaux qui agit contre votre destinée.

11. LES TOMBES DIVINES

Un autre type de prière qui tue peut être trouvé dans Ezéchiel 32:22. Là est l'Assyrien, avec toute sa multitude et ses sépulcres sont autour de lui ; tous sont morts, sont tombés par l'épée.

Dans ce format de prière vous demanderez au Seigneur de creuser leurs tombes. Ces prières sont des prières qui tuent toute sorte de pouvoir agissant contre votre vie et votre destinée.

12. LES PLAIES DE LA MECHANCETE

Le douzième type de prière se trouve dans Jérémie 14 : 16.

« Et ceux à qui ils prophétisent seront étendus dans les rues de Jérusalem, par la famine et par l'épée ; Il n'y aura personne pour leur donner la sépulture, ni à eux, ni à leurs femmes, ni à leurs fils, ni à leurs filles ; je répandrai sur eux leur méchanceté. » Cette prière exige de demander à Dieu de répandre sur eux leur méchanceté

13. LE SERVICE NON RENTABLE

Un autre type de prière se trouve dans Jérémie 15 : 14 « Je te fais passer avec votre ennemi dans un pays que tu ne connais pas, car le feu de ma colère s'est allumé, il brûle sur vous. »

Avec ce type de prière, vous ordonnez à vos ennemis de toujours continuer de servir leurs ennemis. Ils seront tellement occupés qu'ils n'auront pas le temps pour vous.

14. L'ABSINTHE ET LE POISON

Un autre type de prière qui tue, se trouve dans le livre de Jérémie 23 : 15. « C'est pourquoi ainsi parle l'Eternel des armées sur les prophètes : Voici, je vais les nourrir d'absinthe et je leur ferai boire des eaux empoisonnées. Car, c'est par les prophètes de Jérusalem, que l'impiété s'est répandue dans tout le pays. »

Demandez au Seigneur de les nourrir d'absinthe et d'eaux empoisonnées.

15. LA SAINTE INVASION

Il y a une autre prière qui tue dans Jérémie 50 : 29.

Appelez contre Babylone les archers, vous tous qui manient l'arc ! Campez autour d'elle, que personne n'échappe, rendez-lui selon ses œuvres, faites-lui entièrement comme elle a fait ! Car elle s'est élevée avec fierté contre l'Eternel contre le Saint d'Israël.

Ce type de prière se centre sur l'ordre donné à l'armée de Dieu de se tourner contre votre ennemi.

16. DISPERSER LES ENNEMIS

Il y a une prière efficace qui tue dans le Psaume 68 :1 « Dieu se lève, ses ennemis se dispersent, et ses adversaires fuient devant sa face3 vous pouvez prier ainsi « lève-Toi, O Eternel et disperse es ennemis »

17. FRUSTRATION DIVINE

Le dix-septième type de prière qui tue se trouve dans Esaïe 44 : 25.

J'anéantis les signes des prophètes de mensonge, et je proclame insensés les devins ; je fais reculer les sages, et je tourne leur science en folie. Vous ordonnez la frustration sur les ennemis.

18. LA FOLIE DIVINE

Les prières qui tuent peuvent être trouvées aussi dans Ezéchiel 44 : 6.

Tu diras aux rebelles, à la maison d'Israël : Ainsi parle le Seigneur, l'Eternel : Assez de toutes vos abominations maison d'Israël.

Ordonnez la folie contre l'ennemi.

19. RENDRE LES SAGES FOUS

Vous pouvez aussi ordonner à leurs sages de reculer. Cela se trouve dans Esaïe 44 : 25.

J'anéantis les signes des prophètes de mensonge, et je proclame insensés les devins ; je fais reculer les sages et je tourne leur science en folie.
Ordonnez la folie contre l'ennemi.

20. STUPIDITE

Une autre forme de prière qui tue, c'est d'ordonner que leur science soit stupide selon Esaïe 44 : 25.

J'anéantis les signes des prophètes de mensonge et je proclame insensés les divins ; je fais reculer les sages et je tourne leur science en folie.

POINTS DE PRIERE

1. Je me tiens sur la plateforme du Calvaire et je décrète mes percées, au nom de Jésus.
2. Pouvoir des ténèbres, dans ma lignée familiale, meurs, au nom de Jésus.
3. Fontaines d'échec, je vous condamne à mort, au nom de Jésus.
4. Fontaines d'infirmité, mourez, au nom de Jésus.
5. Tout pouvoir qui veut tuer ma vie de prière, meurs, au nom de Jésus.
6. Tout pouvoir qui a juré de mourir au lieu de voir mes miracles, meurs, au nom de Jésus.
7. Tout serpent oint par un féticheur pour me combattre, meurs, au nom de Jésus.
8. Balle du ciel, tue tous les serpents et les scorpions agissant contre ma destinée, au nom de Jésus.
9. Toi incantation qui tue, retourne à l'envoyeur, au nom de Jésus.
10. Toute forteresse de satan dans mon corps, meurs, au nom de Jésus.

CHAPITRE TROIS

COMMENT PRIER
QUAND ON EST ENTOURE PAR
LES ENNEMIS

Le combat spirituel est un vaste sujet. Il y a des niveaux élémentaires du combat là où il y a ce qui peut être décrit comme niveau stratégique ou avancé du combat. Il est possible d'être attaqué par les soldats cadets du royaume des ténèbres. Cependant, quand vous êtes entouré d'ennemis, vous devez vous réveiller, faire sortir votre plus puissante arme de combat et le combattre comme un lion blessé

Il y a des prières et des prières. L'une des choses que Dieu nous a rendus capables de faire dans le monde Chrétien, est d'introduire des prières acidiques qui ont conduit à des témoignages exceptionnels dans le corps du Christ. Dans ce chapitre, nous explorerons les types de prières que toute personne entourée d'ennemis peut faire afin d'obtenir la victoire..

Dans l'écriture, à plusieurs reprises, on a vu Jésus réprimandant ceux qui pleuraient. Il a un moment, il a réprimandé des gens qui pleuraient à des funérailles. Alors que lui-même a pleuré après la mort de Lazare. Pourquoi avait-il pleuré ? Il y a de bonnes et de mauvaises raisons pour pleurer. Les pleurs peuvent être à la base d'une bonne ou d'une mauvaise motivation. Il est possible que les mauvais esprits arrivent à motiver quelqu'un à pleurer. Par exemple, un esprit de peur peut amener quelqu'un à pleurer, pendant qu'une véritable peine peut faire pleurer quelqu'un

Paul était un homme qui pouvait pleurer et aussi se réjouir selon Philippiens 3 : 8.

« Et même, je regarde toutes ces choses comme une perte, à cause de l'excellence de la connaissance de Jésus-Christ mon Seigneur, pour lequel j'ai renoncé à tout, et je les regarde comme de la boue afin de gagner Christ».

POURQUOI PLEURER ?

La Bible parle de deux types de chagrin – Le chagrin pieux qui engendre la repentance et le regret du monde qui produit la mort.

Delila a pleuré dans le but de manipuler Samson afin d'avoir accès aux informations pour le détruire. Aujourd'hui beaucoup de femmes pleurent dans le but d'avoir gain de cause. Certaines pleurent aussi à cause l'apitoiement de soi. Si vous allez dans les prisons ou là où les sentences de mort sont prononcées sur les gens, il y a beaucoup de pleurs et de cris. Ces gens pleurent le plus souvent parce qu'ils ont été pris en flagrant de lit en train de commettre des mauvais actes. Leur cri est loin d'un regret pieux qui produit le repentir. Ce type de regret est celui du monde qui produit la mort.

Esaü a pleuré parce qu'il avait perdu sont droit d'aînesse. Il a pleuré pour ne l'a pas récupéré. Beaucoup de nos sœurs sont maintenant expertes dans l'art de pleurer. Ce qui est regrettable dans tout cela, c'est que les pleurs ne résolvent rien surtout quand ils sont motivés par un mauvais esprit. Il y a beaucoup de pleurs dans le monde aujourd'hui mais qui ne font rien de bon parce que ces gens là ne pleurent que quand ils sont dans les problèmes.

pleurer. Ce qui est regrettable dans tout cela, c'est que les pleurs ne résolvent rien surtout quand ils sont motivés par un mauvais esprit. Il y a beaucoup de pleurs dans le monde aujourd'hui mais qui ne font rien de bon parce que ces gens là ne pleurent que quand ils sont dans les problèmes.

LES FAUX PLEURS

Il y a des gens qui pleurent parce que c'est leur habitude de pleurer. Si quelqu'un pleure parce que son ennemi le combat, alors, une telle personne est vouée à l'échec surtout si un mauvais esprit soutient un tel cri. Si un Chrétien fond en larmes spontanément à cause du soutien de l'esprit de Dieu, cela conduit à de grandes bénédictions. Ce type de pleurs est différent de celui qu'on trouve au milieu des impies.

Des gens pleurent afin d'obtenir certaines choses. J'ai vu un homme d'affaires pleurer à grosses l'arme à des funérailles dans le but d'attirer des clients. Certains pleurent parce qu'ils sont dans des problèmes.

Par exemple, la Mercedes Benz d'un homme avait été heurtée par une autre voiture et le propriétaire a fondu en larmes. Le fils d'une femme était incarcéré et elle s'est mise à pleurer à la court de justice. J'ai rencontré un homme qui avait perdu sa copine et qui a pleuré pendant deux jours.

La plupart des pleurs de nos jours sont soutenus par des esprits de découragement. Beaucoup de gens pleurent sans cesse mais ils sont motivés par les mauvais esprits. Certains pleurent parce qu'ils intercèdent. Quand nous parlerons de niveaux de prière, nous verrons qu'il y a plusieurs niveaux dans la Bible.

Il y a un mauvais temps pour pleurer et un bon temps pour pleurer. Mais les cris et les pleurs pendant qu'on est entouré d'ennemis est un gaspillage de temps. Comment prier alors quand on est entouré d'ennemis ? Si vous êtes entouré d'ennemi et vous vous mettez à pleurer, vous faites de vous une proie facile à détruire. Quand on pleure quand est entouré d'ennemis, c'est simplement un gaspillage de temps parce que vos pleurs ne feront que fortifier votre adversaire. Si Jésus, l'homme le plus pur qui n'ait vécu sur terre avait des ennemis, il est certain que nous tous, nous devons avoir des ennemis.

LES STRATEGIES DE COMBAT

Quand vous commencez à étudier la Bible, vous découvriez des vastes et différentes stratégies de combat. Il y a des parallèles entre les combats lus dans la Bible, et les combats spirituels auxquels nous faisons face. Parfois l'ennemi vient comme un lion rugissant, d'autre fois il vient comme un ange de lumière. Soyez sûr que l'ennemi viendra sous plusieurs formes. Si vous

êtes un bon lecteur de la Bible, vous pourriez avoir remarqué des différentes stratégies de combat.

L'ennemi peut utiliser les méthodes suivantes : l'attaque en amont, l'embuscade, le combat nocturne, l'usage des espions comme informateurs, etc.... ce sont tous des stratégies de combat. Nous vivons dans un monde hostile. Jésus a dit : « Je vous envoie comme des brebis parmi les loups. » Comment devront-nous prier quand nous sommes entourés d'ennemis ? 2 Rois 12 : 18 : L'un de ses serviteurs répondit ; personne ! Ô ! Roi mon seigneur, mais Elisée, le prophète, qui est en Israël rapporte au roi d'Israël les paroles que tu prononces dans ta chambre à coucher. Et le roi dit : allez et voyez où il est, et je le ferai prendre. On vint lui dire : Voici, il est à Dothan. Il y envoya des chevaux, des chars et une forte troupe, qui arrivèrent de nuit et qui enveloppèrent la ville. Le serviteur de l'homme de Dieu se leva de bon matin et sortit ; et voici, une troupe entourait la ville avec des chevaux et des chars. Et le serviteur dit à l'homme de Dieu : Ah ! Mon seigneur, comment feront-nous ? Il répondit : Ne crains point, car ceux qui sont avec nous sont en plus grand nombre que ceux qui sont avec eux. Elisée pria, et dit : Eternel, ouvre ses yeux, pour qu'il voie. Et l'Eternel ouvrit les yeux du serviteur, qui vit la montagne pleine de chevaux et de chars de feu autour d'Elisée. Les Syriens descendirent vers Elisée. Il adressa, alors cette prière à l'Eternel. Seigneur frappe d'aveuglement cette nation ! Et l'Eternel les frappa d'aveuglement, selon la parole d'Elisée.

LES MALEDICTIONS ET LES BENEDICTIONS

Elisée qui avait prié pour que les yeux de son serviteur s'ouvrent, a après fait un demi-tour et a prié pour que les yeux d'autres personnes soient aveuglés. Les prophètes de l'ancienne époque dans la Bible proféraient à la fois des malédictions et des bénédictions selon la situation. Si vous faites des prophètes de Dieu vos ennemis, c'est suicidaire

2 Rois 6 : 24 : Après cela, Ben Hadad, roi de Syrie, ayant rassemblé toute son armée, monta et assiégé Samarie
Ici, Samarie était entourée. Qu'est ce qui était arrivé à l'armée de la Syrie qui avait assiégée la Samarie ?

2 Rois 6 :7 : Le Seigneur avait fait entendre dans le camp des Syriens un bruit de chars et un bruit de Chevaux. Le bruit d'une grande armée, et ils s'étaient dit l'un à l'autre : Voici le roi d'Israël a pris à sa solde contre nous les rois Héthiens et les rois des Egyptiens pour venir nous attaquer. Et ils se levèrent et prirent la fuite au crépuscule, abandonnant leurs tentes, leurs chevaux et leurs ânes, le camp tel qu'il était, ils s'enfuirent pour sauver leur vie.

La première fois quand Elisée était entouré, l'aveuglement était la réponse. La deuxième fois que les ennemis ont assiégé la Samarie, Dieu a ordonné un bruit terrifiant contre les ennemis. Ma prière est que tous vos ennemis qui campent contre vous entendront des bruits terrifiants au nom de Jésus. et s'enfuiront.

2 Rois 19 : 32-37, c'est pourquoi ainsi parle l'Eternel sur le roi d'Assyrie. Il n'entrera point dans cette ville, il n'y lancera point de traits, il ne lui présentera point de boucliers, et il n'élèvera point de retranchements contre elle. Il s'en retournera par le chemin par lequel il est venu, et il n'entrera point dans cette ville, dit l'Eternel. Je protègerai cette ville pour la sauver, à cause de moi, et à cause de David mon serviteur. Cette nuit là, l'ange de

l'Eternel sorti, et frappa dans le camp des Assyriens cent quatre-vingt-cinq mille hommes. Et quand on se leva le matin, voici, c'était tous des corps morts. Alors Sancherib, roi d'Assyrie, leva son camp parti et s'en retourna ; et il resta à Ninive. Or, comme il était prosterné dans la maison de Nisroc, son dieu, Adrammelec et Schareter ses fils,, le frappèrent avec l'épée, et s'enfuirent au pays d'Ararat. Et Esar Haddon, son fils, régna à sa place.

LES ARMES DE VICTOIRE

Ma prière est que les dieux ou les idoles de vos ennemis seront honnis au nom de Jésus.
Mais être entouré par l'ennemi peut-être inévitable. Nous pouvons utiliser les armes de la victoire forgées par Dieu pour ces temps. Que devrons-nous faire quand nous sommes entourés d'ennemis ?

☛ **PRIER POUR CONNAITRE LES SECRETS DERRIERE L'ATTAQUE**

Si vous ne connaissez pas les secrets derrière l'attaque, il est probable qu'une telle attaque pourra surgir une autre fois. Le programme d'une affliction qui paraît la deuxième fois, prospère quand le secret derrière la première affliction demeure inconnu.

☞ **LIER ET CHASSER L'ESPRIT DE LA CRAINTE**

Beaucoup de gens prient avec la peur dans leur cœur. Beaucoup sont tellement apeurés que l'esprit de la peur a rendu leurs prières inefficaces. Que ceci soit clair à vos esprits : l'esprit du Dieu vivant est capable d'intervenir en toute situation. Des fois que la crainte vous pénètre, la foi sort par la fenêtre.

☞ **DEMANDE A L'ASSISTANCE ANGELIQUE**

Souvenez-vous, les anges ont combattu pour les rois de Juda.

☞ **PRIER POUR LA REVELATION QUI PROVIENT DU CIEL**

Elisée était capable de voir ceux qui étaient avec lui et qui le défendaient.

☞ **PRONONCER L'AVEUGLEMENT ET LA CONFUSION DANS LE CAMP DES ENNEMIS.**

Les ennemis qui étaient venus arrêter Elisée étaient devenus aveugles sous l'ordre d'Elisée. Ils ont même demandé à Elisée où il se trouvait.

☞ **PRIER AFIN QUE DIEU LES RENDE IMPUISSANT**

☞ **PRIER AFIN QUE DIEU ORDONNE DES BRUITS TERRIFIANTS CONTRE LES ENNEMIS.**

Exactement comme cela s'était produit avec les soldats qui avaient assiégé la Samarie.

☞ **FAITES DES PRIERES PROPHETIQUES**

Ce type de prière détermine la fin de vos ennemis avant que l'attaque ne soit lancée.

☞ **PRIER AFIN QUE DIEU ENVOIE LA FOUDRE SUR EUX**

☞ **PRIER QU'IL Y A LA DIVISION AU MILIEU DES ENNEMIS SEMBLABLES A CELLE DES BATISSEURS DE LA TOUR DE BABEL.**

☞ **PRIER QUE LES ENNEMIS ENTENDENT DES RUMEURS QUI LES DESTABILISERONT ET LES FERONT RECULER.**

☞ **PRIER AFIN QU'ILS SOIENT TUES PAR LEURS PROPRES EPEES**

☞ ADRESSER UNE PETITION CONTRE EUX ET LA DEPOSER DEVANT LE SEIGNEUR, COMME L'AVAIT FAIT EZECHIAS.

☞ PRIER QUE LEURS MENACES SOIENT PERFOREES

☞ RAPPORTER LEURS VANTARDISES ET LEURS BLASPHEMES A DIEU

☞ DENONCER LES COMME LE FAISAIT LES APOTRES QUAND ILS DISAIENT "OH SEIGNEUR ! VOIS LEURS MENACES.' : C'EST DANGEREUX QUAND UN RAPPORT EST FAIT SUR UNE PERSONNE AU DIEU TOUT PUISSANT..

☞ PRIER AFIN QUE DIEU METTE UN HAMECON DANS LEURS NARINES ET LES TIRE AU LION COMME IL L'AVAIT FAIT A SHANCHERIB

☞ PRIER AFIN QUE LE ZELE DE L'ETERNEL SE LEVE POUR LES CONFONDRE ET LES METTRE EN DEROUTE

☛ **PRIER POUR QUE LES ENNEMIS RETOURNENT PAR LE CHEMIN QU'ILS SONT VENUS.**

C'est ce qu'on appelle les prières de "retour à l'envoyeur".

☛ **PRIER POUR QUE L'ETERNEL DEFENDE SON INTERET DANS VOTRE VIE**

De telles prières amèneront Dieu a défendre la ville de votre vie.

☛ **PRIER POUR QUE L'ETERNEL ENVOIE SES ANGES GUERRIERS CONTRE EUX**

LA PRIERE LIQUIDE

Quand on est entouré par les ennemis, les seuls pleurs qui sont permis sont la prière liquide après l'ordre d'Ezéchias. Si vous priez contre des ennemis circulaires ou des ennemis qui vous entourent et vous voulez utiliser ce type de manuel, il y a ce qu'il faut faire et ce qu'il ne faut pas faire. Il y a des gens dans ce monde qui n'ont pas d'ami du tout. La famille d'où ils viennent est remplie de loups.

Les écoles qu'ils ont fréquentées sont également remplies de loups. Les grandes écoles qu'ils ont fréquentées sont infestées de loups. Ils ont fréquentés les universités d'adorateurs d'idoles. Après leurs diplômes, ils ont été affectés dans la ville des "requins" pour le service militaire. Après le service militaire, ils ont eu un travail dans une Compagnie dominée par de méchants ennemis avec qui ils devaient travailler. Tous les jours de leur vie, ils étaient entourés par leurs ennemis.

LA STRATEGIE SATANIQUE

Pourquoi les ennemis encerclent les gens ? C'est simple parce qu'ils veulent limiter le mouvement de leurs victimes. Il limite une telle victime en disant "voici la limite a laquelle tu peux te déplacer", tu ne peux pas aller plus loin de là'. Le seul pâturage qu'une telle jouira sera le pâturage délimité par ses ennemis.

Vous devez apprendre à connaître les cordes aussi bien que les ennemis circulaires sont concernés. Si vous priez contre les ennemis circulaires, qu'est ce qu'il faut faire et qu'est ce qu'il ne faut pas faire ?

S'il vous plaît, votez ce qui suit.

☞ **RASSUREZ-VOUS QUE VOUS ETES REPENTI DE TOUT PÉCHÈ DEVOILÉ**

Tout péché dans votre vie sera utilisé par les ennemis pour avoir accès à votre vie a tout moment et chaque jour.

☞ **IL Y A UN TEMPS POUR SE REPLIER ET IL Y A UN TEMPS POUR PRENDRE LE DESSUS**

Joseph fût averti de s'enfuir en Egypte avec l'enfant Jésus. Dieu n'a pas dit à Joseph de demeurer à Jérusalem pour continuer de combattre Hérode.

Il prit le bébé et s'enfuit comme averti. Paul avait quitté Philippes à Thessalonique. Un exemple typique c'est lorsqu'on le fit descendre par un panier pour qu'il sauve sa vie.

Nous devons savoir quand combattre et quand se replier. La plupart de nous, engageons dans des combats inutiles, pas nécessaires que personne nous a demandé de faire et après, nous avons de sérieux problèmes. La Bible dit : Mais étroite est la porte, resserré le chemin qui mène à la vie, et il y en a peu qui les trouve.". L'implication de ce versé, c'est que la plupart des gens du monde sont dans le camp de l'ennemi.

Toute personne qui n'est pas née de nouveau peut être utilisée pour perpétrer des attaques sataniques.

☞ **NE PANIQUEZ PAS**

Si vous paniquez, l'ennemi aura accès à votre vie.

☞ **N'ABANDONNEZ PAS OU NE PAS SE SOUMETTRE**

Il n'y a pas de capitaine qui abandonne et qui gagne la bataille.'

☞ **LEVEZ-VOUS**

Il y a longtemps, j'ai lu une histoire quelque part. L'histoire parlait d'un petit détachement de soldats. Ils essayaient d'attaquer un lieu particulier. Quand les soldats se sont levés le matin, ils se sont retrouvés entourés par les soldats ennemis. L'un des plus jeunes soldats a demandé au Major qui commandait l'armée "Monsieur, nous avions été entourés, que devons nous faire ?" Le jeune soldat pensait que le Major allait dire. Il n'y a rien qu'ont puisse faire, rendons-nous à l'ennemi".

Mais les seules paroles qui sont sorties de la bouche du Major étaient "tout le monde, levez-vous, assurez-vous qu'aucun de vos ennemis n'échappe !" Et ils se sont mis à combattre c'était une stratégie fantastique.

N'abandonner jamais dans la prière ; ne vous plaignez jamais que vous avez tout le temps prié pour la victoire mais toujours rien. Soyez rassuré que toutes les prières que vous avez faites pendant longtemps fragilisaient tout ce temps là, la structure de l'ennemi. Vos prières ont du envoyer des termites éternels aux structures de l'ennemi. Ce dont vous avez besoin, c'est seulement de donner un coup final contre la structure satanique. Si à ce stade là, vous abandonnez, vos ennemis reviendront et érigeront une structure plus solide contre vous, et ce sera alors plus difficile de détruire une telle structure.

☛ **PRIER JUSQU'A CE QUE QUELQUE CHOSE SE PRODUISE**

Traversez-vous une situation qui vous fait presque perdre la tête ? Avez-vous des horribles cauchemars ? Entendez-vous des bruits étranges ? Est-ce que l'ennemi a planté des matériaux maléfiques dans votre corps ?

Etes-vous affligé par un mari de nuit obstiné ? Ces maris de nuit seraient si obstinés qu'ils apparaissent à leurs victimes dans le jour.

Il y a des gens sur lesquels les ennemis se réjouissent. Ils ont conclu leurs cas. Il y a des gens qui sont entourés par la méchanceté de famille non-repentant. Il y a ceux à qui l'ennemi a imposé des limites. Ce groupe de personnes affligées à besoin de prier vingt et un points de prière acide.

Si les ennemis vous ont entouré, les points de prière ci-dessous vous conduiront dans votre victoire.

POINTS DE PRIERE

1. Oh ! Seigneur, lève-toi et que mes ennemis se dispersent, au nom de Jésus.
2. Toute assemblée de sorcellerie réunie contre moi, reçois l'aveuglement, au nom de Jésus.
3. Toute sorcellerie assignée contre moi, je t'anéantis de la terre des vivants, au nom de Jésus.
4. Tout ennemi qui m'entoure, reçois l'hameçon de Feu, au nom de Jésus.
5. Toute conspiration contre ma destinée, disperse-toi, au nom de Jésus.
6. La honte et la confusion, levez-vous et localisez-mes oppresseurs, au nom de Jésus.
7. Les sources du pouvoir de mes ennemis, soyez disgraciées et séchez-vous, au nom de Jésus.
8. Toute intelligence satanique assignée contre moi, tue-toi, au nom de Jésus.
9. Mon environnement, entend la parole de l'Eternel, devient trop chaud pour que mes ennemis n'y demeurent pas, au nom de Jésus.
10. Bruits terrifiant du ciel, levez-vous, poursuivez mes poursuivants, au nom de jésus.
11. Toute assemblée d'affliction, disperse-toi, au nom de Jésus.

12. Oppression nocturne, tourmenteurs nocturnes, meurs au nom de Jésus.

13. Tout ennemi circulaire de la maison de mon père, ton temps est fini, meurs, au nom de Jésus.

14. Serpents et scorpions environnementaux, je marche sur vous, au nom de Jésus.

15. Mon Père, honnis les idoles de mes ennemis, au nom de Jésus.

16. Ma gloire, lève-toi de toute position basse et brille, au nom de Jésus.

17. Ennemis circulaires, écoutez la parole de l'Eternel, retournez par le chemin par lequel vous êtes venus, au nom de Jésus.

18. Feu inextinguible, folie inextinguible, poursuit mes poursuivants, au nom de Jésus.

19. Par ton pouvoir comme au temps jadis, Oh ! Dieu, lève-toi et embête mes ennemis, au nom de Jésus.

20. Oh ! Dieu, lève-toi et défend ton intérêt dans ma vie, au nom de Jésus.

21. Tout ennemi qui a fait de mon affaire un travail à plein temps, qu'est ce que tu attends ? Meurs, au nom de jésus.

1. Sois préparé
2. Prières de Percées pour les hommes et les femmes d'affaires
3. Le brisement Spirituel
4. Né grand, mais lié
5. Dieu peut-il vous faire confiance ?
6. Les criminels dans la maison de Dieu
7. Lutter pour le Royaume
8. En Finir avec la technologie satanique locale
9. En Finir avec les coiffeurs de la sorcellerie
10. En Finir avec les malédictions cachées
11. En Finir avec les pouvoirs maléfiques de la maison de ton père
12. En Finir avec les racines non rentables.
13. La Délivrance : Le flacon de médicament de Dieu
14. La délivrance par le Feu
15. La délivrance du mari et de la femme de nuit
16. La délivrance de la conscience
17. La délivrance de la tête
18. La clinique de la destinée
19. Les tireurs de pouvoir des cieux

20. La prospérité dominante
21. L'appétit maléfique
22. Confronter deux chemins/faire face aux deux chemins
23. Jeûne et Prière
24. Echec à l'école de la prière
25. Car nous luttons
26. Le Saint Cri
27. La fièvre sainte
28. Comment obtenir la délivrance personnelle (deuxième édition)
29. Comment prier quand on est entouré par les ennemis
30. Les idoles du cœur
31. Est-ce pour ça qu'ils sont mort ?
32. Limiter Dieu
33. La viande des champions
34. Dominer la sorcellerie
35. Bilan spirituel personnel
36. Pouvoir contre les esprits de cercueil
37. Pouvoir contre les extincteurs de destinée
38. Pouvoir contre les criminels de rêve
39. Pouvoir contre la méchanceté locale
40. Pouvoir contre les esprits marins
41. Pouvoir contre les terroristes spirituels

42. Power must change hands
43. Prier Jusqu'à remporter la victoire (3eme édition)
44. Pluie de Prières
45. Les stratégies de prière pour les célibataires
46. Prières pour aller du minimum au maximum
47. Prières de combat contre 70 esprits déchaînés
48. Prières pour détruire les maladies et les infirmités
49. Prier contre l'esprit de la vallée
50. Prier pour démanteler la sorcellerie
51. Se libérer des alliances destructrices
52. Révoquer les décrets maléfiques
53. La déviation satanique de la race noire
54. Réduire au silence les oiseaux des ténèbres
55. Frappez l'adversaire et il fuira
56. Le combat spirituel et le foyer
57. Les prières stratégiques
58. Stratégies du combat de prière
59. Les élèves à l'école de la peur
60. l'ennemi a fait ça
61. Le Mauvais Cri de l'idole de votre famille
62. Le Feu du réveil

86. Femme, Tu es libérée
87. Votre combat et votre stratégie
88. Votre fondation et votre destinée
89. Votre bouche et votre délivrance
90. Adura agbayori (version Yorouba de la 2ème édition de Prier Jusqu'à remporter la victoire)
91. Awon Adura Tinsi Oke nidi (Livre de prière Yorouba)
92. Pluie de Prières
93. Esprit de Vagabondage
94. En finir avec les forces maléfique de la maison de ton père
95. Que l'Envoûtement périsse
96. Comment recevoir la délivrance du mari et de la femme de nuit
97. Comment se délivrer soi-même
98. Pouvoir contre les terroristes spirituels
99. Prières de Percées pour les hommes d'affaires
100. Le combat spirituel et le foyer
101. Bilan spirituel personnel
102. Victoire sur les rêves sataniques
103. Prières qui apportent les miracles
104. Que Dieu répond par le Feu

Printed in Great Britain
by Amazon

39983199R00046